DIE KLEINEN LESEDRACHEN

Ulli Schubert, Chiara Maifeld, Frauke Nahrgang

Geschichten für Jungs zum Lesenlernen 1. Klasse

mit Bildern von
Angela Fischer-Bick und Andrea Dölling

Klett Lerntraining

Peer und der Piratenfluch

von Ulli Schubert
mit Bildern von Angela Fischer-Bick

Peers großer Traum

Peer wohnt dort,
wo viele Kinder
im Sommer Ferien machen:
an der Ostsee.

Jeden Tag liegt er am Strand
und träumt,
wie er als Piratenkapitän
die sieben Weltmeere erobert.

Nur einer weiß nicht,
wie gefährlich Peer ist:
Ole, der Sohn des Bürgermeisters.
Ständig stört er ihn beim Träumen.

Ole hat ein neues Piratenboot.
Immer, wenn er Peer sieht,
schießt er sofort auf ihn.
Mit Plastikkanonen!

„Aua!“, schimpft Peer,
als ihn eine Kanonenkugel
ausgerechnet an der Nase trifft.

An der Nase ist Peer empfindlich.
Wütend stapft er davon.
Er will sich nicht mit Ole prügeln.
Obwohl der es verdient hätte.

Lese-Rallye: Teil 1

Wo wohnt Peer?

- ☐ an der Nordsee
- ☐ am Mittelmeer
- ☐ an der Ostsee

Welchen Beruf hat Oles Vater?

- ☐ Pirat
- ☐ Bürgermeister
- ☐ Hausmeister

Warum ist Peer wütend?

☐ Weil Ole ihn an der Nase trifft.
☐ Weil er nicht Pirat werden darf.
☐ Weil die Sonne nicht scheint.

3

Womit können Piraten auf keinen Fall schießen?

☐ mit Weihnachtskugeln
☐ mit der Erdkugel
☐ mit Eiskugeln

Die Mini-Piraten greifen an

Peer achtet nicht auf den Weg.
Und auf einmal passiert es.
Er tritt gegen ein kleines Boot,
stolpert und fällt hin!

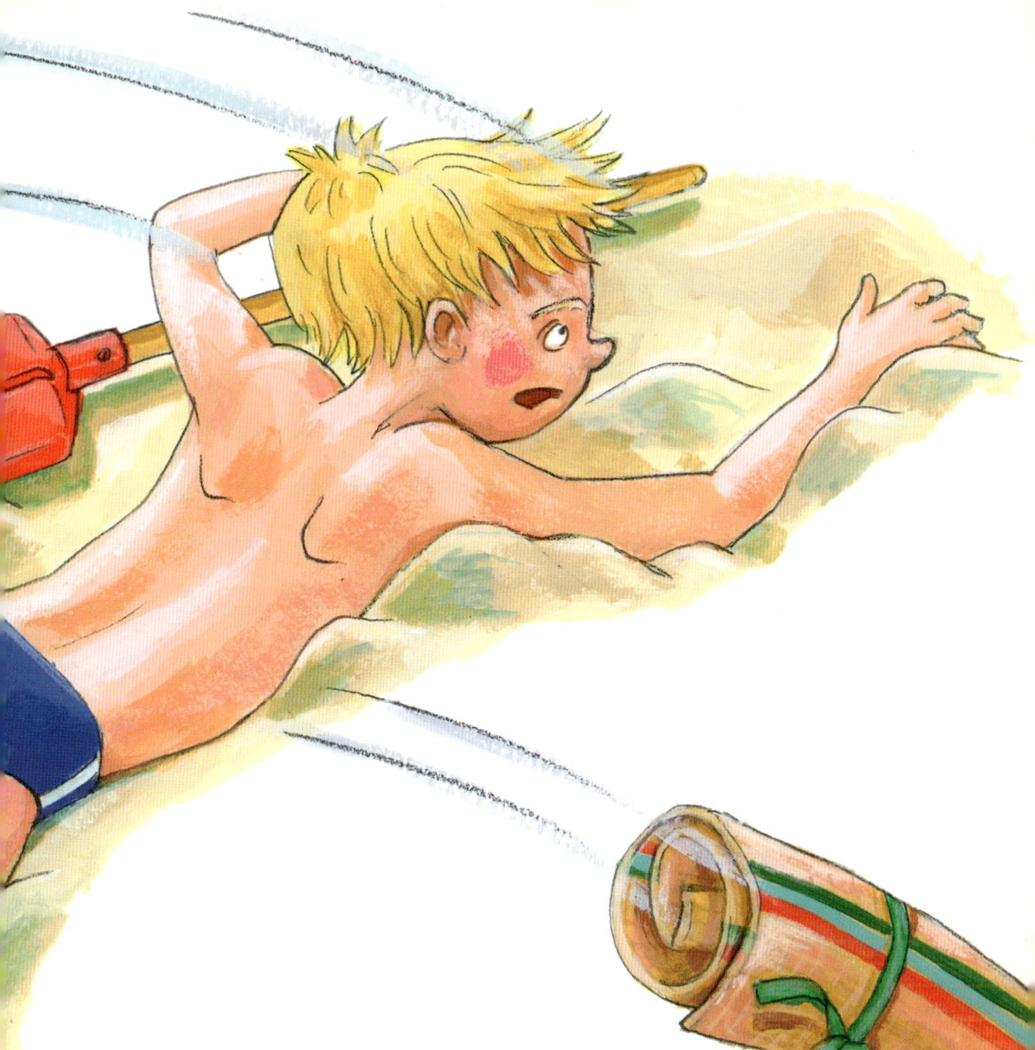

Ehe Peer weiß,
wie ihm geschieht,
tauchen überall Piraten auf
und umzingeln ihn.

Sie sind winzig,
kaum größer als Peers Hand.
Und sie bedrohen ihn mit Säbeln,
so klein wie Stecknadeln.

Der mutigste von ihnen
klettert auf Peers Bauch.
Mit dem winzigen Säbel
fuchtelt er vor Peers Nase herum.

„Lass das!“,
knurrt Peer böse.
„Gibst du auf?“,
schreit der Piratenkapitän.

„Warum sollte ich?“,
fragt Peer und lacht.
Plötzlich sieht der Kapitän
ganz traurig aus.

„Weil wir dann erlöst wären“,
sagt er mit leiser Stimme.
„Eine böse Nixe
hat uns mit einem Fluch belegt.“

„Erst wenn wir jemanden besiegen, werden wir so groß wie früher", erklärt ein einäugiger Pirat. „Aber wie sollen wir das schaffen?"

Peer denkt lange nach.
Plötzlich grinst er breit.
„Ich glaube, ich habe eine Idee!“,
sagt er zu den Piraten.

Er weiht sie in seinen Plan ein.
Dann zieht er ihr Schiff
zurück zu seinem Strand.
Immer am Ufer entlang.

Lese-Rallye: Teil 2

Worüber stolpert Peer?

- ☐ über eine Muschel
- ☐ über einen Krebs
- ☐ über ein kleines Boot

Wer klettert auf Peers Bauch?

- ☐ der dickste Pirat
- ☐ der mutigste Pirat
- ☐ der jüngste Pirat

Warum sind die Piraten traurig?

☐ Weil sie so alleine sind.

☐ Weil Peer ihr Boot kaputt gemacht hat.

☐ Weil sie sich vom Fluch kaum befreien können.

3

Wie könnte der einäugige Pirat heißen?

☐ Heiko Hinkebein

☐ Ralf Riesenohr

☐ Aldo Augeweg

Werden Träume wahr?

„Da ist er“,
raunt Peer den Piraten zu
und deutet auf Ole.
Er spielt immer noch am Strand.

„Er ist riesig“,
sagt der Kapitän ängstlich.
„Und er hat gefährliche Waffen“,
stellen die Piraten fest.

„Nicht mehr lange“,
sagt Peer überzeugt
und legt sich an den Strand.
Prompt eröffnet Ole das Feuer.

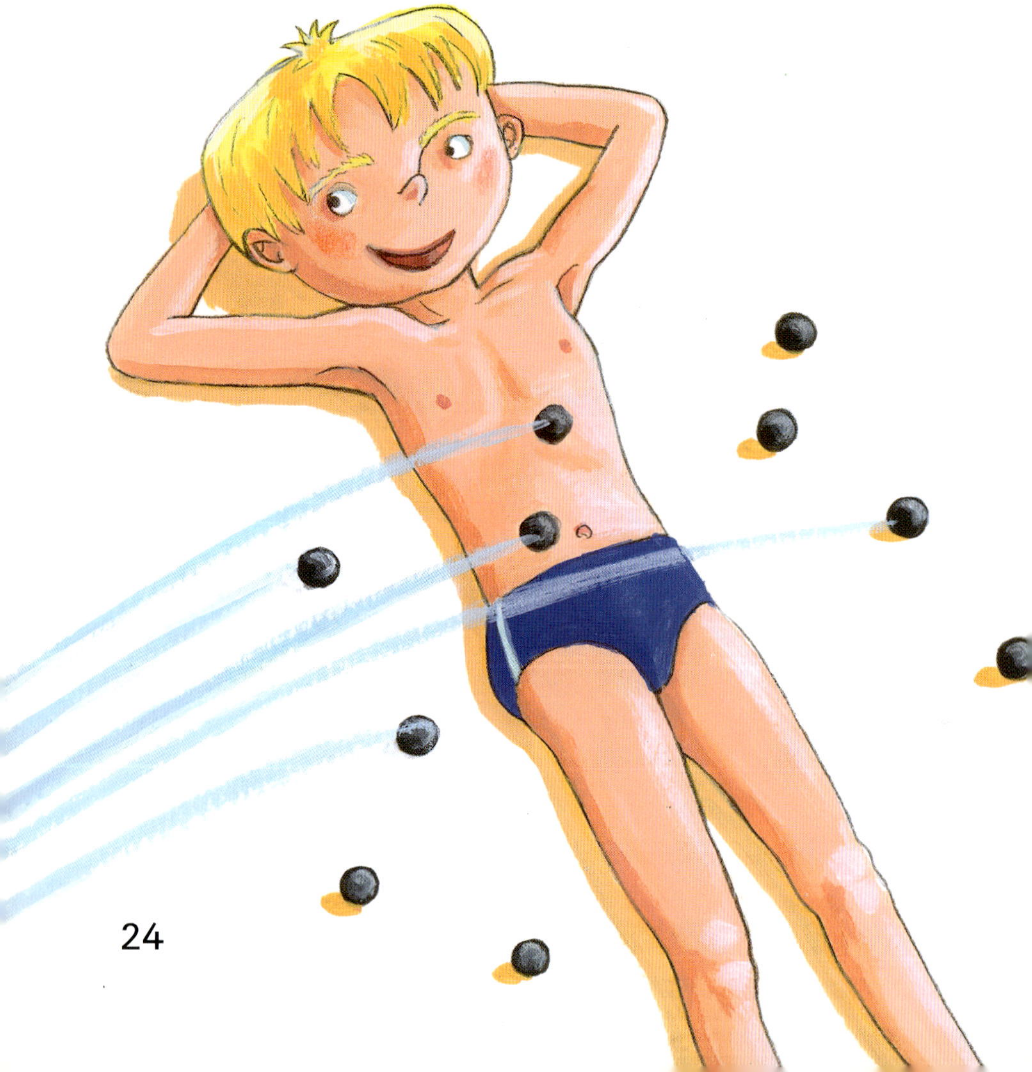

Doch dieses Mal zählt Peer mit.
„Acht, neun, zehn."
Ole hat keine Kugeln mehr!
Darauf haben die Piraten gewartet.

Geschickt steuern sie ihr Schiff
auf Oles Boot zu.
Mit wildem Kampfgeschrei
entern sie es!

Ole wehrt sich nicht einmal.
Erschrocken läuft er davon
und überlässt sein Boot
kampflos den Piraten.

„Gewonnen! Wir haben gesiegt!“,
jubeln die Piraten.
Plötzlich blitzt und donnert es.
Die Piraten werden wieder groß!

„Das haben wir dir zu verdanken“,
sagt der Kapitän glücklich
und setzt Peer seinen Hut auf.
„Nur dir, unserem Ehrenkapitän!“

Lese-Rallye: Teil 3

1

Warum ist der Kapitän ängstlich?

- ☐ Weil er ein lautes Geräusch gehört hat.
- ☐ Weil Ole riesig ist.
- ☐ Weil er ein Ungeheuer gesehen hat.

2

Warum hilft Peer den Piraten?

- ☐ Weil sie ihn dafür bezahlen.
- ☐ Weil er sich so an Ole rächen kann.
- ☐ Weil ihn die Piraten dazu zwingen.

Welcher Traum erfüllt sich für Peer?

- [ ] Er wird Fußball-Profi.
- [ ] Er findet einen Piratenschatz.
- [ ] Er wird Piratenkapitän.

Wie könnte der Siegesruf der Piraten lauten?

- [ ] Mi, ma, Meerestier,
  immer nur verlieren wir!
- [ ] Ki, ka, Klabautermann,
  wir sind mit Putzen dran!
- [ ] Pi, pa, Piratenschreck,
  der Fluch ist endlich weg!

Polizist Pit und die entführte Oma

von Chiara Maifeld
mit Bildern von Andrea Dölling

Polizist Pit langweilt sich

Pit ist Polizist
in einem sehr kleinen Ort.
Meistens sitzt er auf der Wache
und langweilt sich.

„Nie passiert was!“, klagt Pit.
„Rübe, was machen wir heute?“,
fragt er seinen Polizeihund.
Aber Rübe gähnt nur müde.

Er könnte seine Pistole putzen.
Doch wozu? Er braucht sie nie!
Pit beschließt, aus Spielkarten
einen riesigen Turm zu bauen.

Plötzlich fliegt die Tür auf.
Der schöne Turm fällt zusammen.
Pit kippt vom Stuhl,
Rübe verschwindet unter Karten.

Die Zwillinge Jonas und Klara
stürmen herein.
„Oma ist weg!“, rufen sie.
„Und ihr rotes Auto auch!“

„Sie macht wohl einen Ausflug“, sagt Pit und steht stöhnend auf. „Quatsch!“, rufen die Kinder. „Sie wollte für uns kochen!“

„Mittwochs macht sie immer
Dampfnudeln für uns.
Da fährt sie doch nicht weg!“,
sagt Klara entrüstet.

„Pit, du musst Oma suchen“,
bettelt Jonas.

„Gut, wir fahren zu ihrem Haus.
Ich habe sowieso nichts zu tun!“

Lese-Rallye: Teil 1

Start

1 Wer oder was ist Rübe?

- ☐ ein Kartenspiel
- ☐ der Polizeihund
- ☐ Klaras Bruder

2 Wann macht Oma immer Dampfnudeln?

- ☐ montags
- ☐ mittwochs
- ☐ samstags

Warum meint Klara,
dass Oma keinen Ausflug macht?

- ☐ weil Oma Ausflüge nicht mag
- ☐ weil Omas Auto in der Werkstatt ist
- ☐ weil Oma für Klara und Jonas kochen wollte

3

Wie könnte der Ort heißen,
in dem Pit Polizist ist?

- ☐ Nichenweiler
- ☐ Nichtslosdorf
- ☐ Niederhausen

Ist Oma wirklich weg?

Pit schlüpft
in die Jacke seiner Uniform.
Mit dem Polizeiauto fahren sie
zu Omas Haus.

Die Haustür steht offen,
im Flur liegt ein Kochlöffel.
Und in der Küche stinkt es
nach verbrannten Dampfnudeln.

Draußen findet Jonas Fußspuren.
„Hier haben zwei Menschen
miteinander gekämpft!“,
stellt Profi Pit sofort fest.

„Und dann ist eine Person
zum Auto geschleppt worden.
Hier sind Schleifspuren!“,
sagt er.

„O nein!“, ruft Klara entsetzt.
„Jemand hat Oma entführt!
Wir müssen die Umgebung
nach ihrem Auto absuchen!“

Sie steigen ins Polizeiauto
und fahren die Gegend ab.
Doch von Oma keine Spur.

„Wir brauchen Hilfe“, sagt Pit.
„Mein Freund Ben muss
mit dem Polizeihubschrauber
von oben suchen.“

Mit seinem Funkgerät
verständigt Pit seinen Freund.
Sofort startet Ben
den Hubschrauber.

Lese-Rallye: Teil 2

1

Was entdeckt Jonas?

- ☐ Omas Auto
- ☐ Fußspuren
- ☐ eine leere Pfanne

2

Warum möchte Pit,
dass Ben suchen hilft?

- ☐ weil Ben bessere Augen hat
- ☐ weil er mit dem Hubschrauber von oben mehr sieht
- ☐ weil das Polizeiauto nicht mehr anspringt

Womit ruft Pit seinen Freund Ben?

- ☐ mit dem Handy
- ☐ mit dem Funkgerät
- ☐ mit dem Megafon

3

Wie schimpft Oma vermutlich, als sie entführt wird?

- ☐ Donnerwetter, Jungenstreich,
  eine Reise mach ich gleich!
- ☐ Donnerwetter, Mäuseschreck,
  endlich komme ich mal weg!
- ☐ Donnerwetter, widerlich,
  mit meinem Auto fahr nur ich!

Was ist mit Oma geschehen?

Es dauert nicht lange,
da meldet sich Ben.
„Ich habe das Auto gefunden!“,
schreit er ins Funkgerät.

„Es steht am Waldrand
unter dem alten Hochstand!“
Jonas, Klara, Pit und Rübe
rasen los.

Ein Mann läuft davon.
Doch Rübe rennt ihm nach
und erwischt ihn am Bein.
Pit legt ihm Handschellen an.

Die Oma finden Jonas und Klara gefesselt auf dem Hochstand. „Oma, was ist nur passiert?“, drängeln die Zwillinge.

Aufgeregt erzählt Oma:
„Euer Geburtstagsgeschenk!
Der Kerl wollte es klauen!
Da bin ich auf ihn los!

Dann hat er mich gefesselt
und mit dem Auto weggebracht!“

Jonas fragt neugierig:
„Was ist denn unser Geschenk?“

„Was ihr euch gewünscht habt!“
Oma lächelt.
„Neue Räder!“, rufen die Kinder.
„Toll! Dürfen wir sie sehen?“

„Stopp, Geburtstag ist morgen!“,
bremst Oma ihre Enkel.
„Jetzt mache ich uns allen
erst einmal neue Dampfnudeln!“

Lese-Rallye: Teil 3

Wer hält den Dieb auf?

- ☐ Jonas und Klara
- ☐ Polizist Pit
- ☐ Polizeihund Rübe

1

2

Was bekommen die Kinder zum Geburtstag?

- ☐ eine neue Portion Dampfnudeln
- ☐ neue Fahrräder
- ☐ neue Schulranzen

Warum haben Jonas und Klara am gleichen Tag Geburtstag?

- ☐ weil Klara genau ein Jahr nach Jonas geboren wurde
- ☐ weil sie Zwillinge sind
- ☐ weil Jonas genau ein Jahr nach Klara geboren wurde

Was legt Pit dem Dieb an?

- ☐ Handschnellen
- ☐ Handschellen
- ☐ Hundschellen

Pix irrt durchs Weltall

von Frauke Nahrgang
unter Mitarbeit von Marlene Nahrgang
mit Bildern von Angela Fischer-Bick

Angst vor der Flugstunde

Pix lebt auf dem Planeten Wurz ganz am Rande der Galaxis. Raumfahren lernt man dort schon in der Schule.

Aber Pix hat vor der Fliegerei
schreckliche Angst.
Deshalb lachen die anderen
ihn oft aus.

Besonders Plopp spottet gern:
„Pix ist ein Feigling."
Plopp hat es gut.
Der fürchtet sich nie.

Heute soll jeder mal
ganz alleine fliegen.
„Zeigt, was ihr könnt!“,
verlangt der Lehrer.

Begeistert brausen alle los.
Nur Pix traut sich nicht.
Vor Angst schlottern
seine Antennen.

„Los jetzt!“
Der Lehrer schiebt Pix
in ein Raumschiff
und drückt den Startknopf.

Flug ins
gestartet

Es kracht und zischt.
„Flug-ins-All-ge-star-tet!“,
meldet der Bordcomputer.

„Stopp!“, jammert Pix.
Am Schaltpult gibt es
unzählige Knöpfe und Hebel.
Aber wo ist die Bremse?

Lese-Rallye: Teil 1

Start

1

Was ist Wurz?

- [ ] ein fremdes Land
- [ ] ein Planet
- [ ] eine seltene Pflanze

2

Wer sagt:
„Pix ist ein Feigling“?

- [ ] der Lehrer
- [ ] der Computer
- [ ] Plopp

Was denkt Pix nach dem Start?

- ☐ „Wo sind nur die Bremsen?“
- ☐ „Fliegen ist toll!“
- ☐ „Nur Mut!“

3

Was können nur
die Lehrer auf Wurz sagen?

- ☐ „Alle mal herhören!“
- ☐ „Ohren auf!“
- ☐ „Spitzt mal die Antennen!“

Irrfahrt im Raumschiff

Ein dicker Felsbrocken rast
auf das Raumschiff zu.
„Ach-tung-Me-te-o-ro-id!“
warnt der Computer.

Verzweifelt kurbelt Pix
an einem Rad: Glück gehabt.
In letzter Sekunde
biegt das Raumschiff ab.

Jetzt aber schnell zurück.
Doch wo ist das Steuer?
Vielleicht dieser rote Knopf?
Pix drückt ihn vorsichtig.

„Licht-ge-schwin-dig-keit!“,
schnarrt der Computer.
Schon schießt das Raumschiff
durch die Dunkelheit.

Schneller, immer schneller
geht es voran.
„Wo sind wir?“,
fragt Pix voller Angst.

„Milch-stra-ße-mit-Kurs-
auf-die-Un-end-lich-keit“,
gibt der Computer Auskunft.

„Unendlichkeit?“, jammert Pix.
„Das ist mir viel zu weit!“
Auf einmal stoppt der Flug,
und das Raumschiff trudelt.

„Schwar-zes-Loch!“,
ächzt der Computer.
Schon stürzen sie hinein,
tiefer, immer tiefer.

Lese-Rallye: Teil 2

Wie warnt der Bordcomputer?

- [ ] „Ach-tung-Me-te-o-ro-id!“
- [ ] „Ach-tung-Erd-be-woh-ner!“
- [ ] „Ach-tung-Mond-ra-ke-te!“

1

2

Was ist Lichtgeschwindigkeit?

- [ ] Zeitlupe
- [ ] Schneckentempo
- [ ] rasendes Tempo

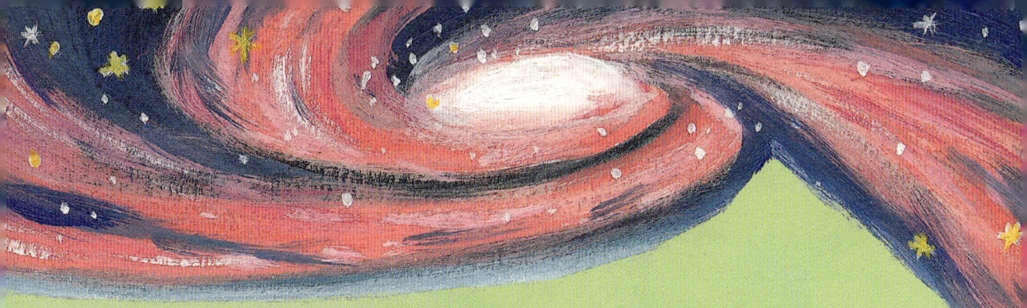

Pix drückt den roten Knopf,
und das Raumschiff ...

☐ dreht um.
☐ wird immer schneller.
☐ bleibt stehen.

3

Was denkt der Computer
vermutlich vor dem Absturz?

☐ „Guter Witz!“
☐ „Jetzt ist alles aus!“
☐ „Tolles Abenteuer!“

Der beste Astronaut

Finsternis! Totenstille!
Unsichtbare Kräfte zerren an Pix
und wollen ihn in Stücke reißen.

Plötzlich wird es wieder hell.
Pix dreht den Kopf
und wackelt mit den Antennen.
Ja! Er ist wieder frei!

Der Computer tönt:
„Tun-nel-wie-der-ver-las-sen!“
Was? Das schwarze Loch
war gar kein schwarzes Loch?

Nein! Das schwarze Loch ist ein Weltraumtunnel! Der bringt das Raumschiff sicher nach Wurz zurück.

Die Wurzer haben den Flug
auf dem Monitor verfolgt.
Sie rufen: „Bravo Pix!
Du bist der beste Astronaut!“

Plopp wundert sich:
„Meteoroiden, schwarze Löcher!
So viele Gefahren!
Ich wäre vor Angst gestorben.“

Was? Plopp fürchtet sich
auch manchmal?
Er ist manchmal auch
ein Feigling?

„Fliegen wir das nächste Mal zusammen“, schlägt Pix vor. „Vielleicht können sich Feiglinge die Angst ja teilen.“

Lese-Rallye: Teil 3

1

Wie konnten die Leute von Wurz den Flug sehen?

☐ mit ihren scharfen Augen
☐ mit dem Fernrohr
☐ auf dem Monitor

2

Was sagt Plopp?

☐ „Blöde Fliegerei!“
☐ „Ich bin der beste Astronaut!“
☐ „Ich wäre vor Angst gestorben.“

Manchmal ist Plopp
auch ein ...

- [ ] Feigling.
- [ ] Winzling.
- [ ] Schwächling.

Was will sich Pix
mit Plopp teilen?

- [ ] eine Tüte Gummibärchen
- [ ] die Angst
- [ ] die Milch von der Milchstraße

Lösungen

Peer und der Piratenfluch

Lese-Rallye: Teil 1

1. an der Ostsee
2. Bürgermeister
3. Weil Ole ihn an der Nase trifft.

 mit der Erdkugel

Lese-Rallye: Teil 2

1. über ein kleines Boot
2. der mutigste Pirat
3. Weil sie sich vom Fluch
   kaum befreien können.

 Aldo Augeweg

Lese-Rallye: Teil 3

1. Weil Ole riesig ist.
2. Weil er sich so an Ole rächen kann.
3. Er wird Piratenkapitän.

 Pi, pa Piratenschreck,
der Fluch ist endlich weg!

Polizist Pit und die entführte Oma

Lese-Rallye: Teil 1

1. der Polizeihund
2. mittwochs
3. weil Oma für Klara und Jonas kochen wollte

Nichtslosdorf

Lese-Rallye: Teil 2

1. Fußspuren
2. weil er mit dem Hubschrauber von oben mehr sieht
3. mit dem Funkgerät

Donnerwetter, widerlich,
mit meinem Auto fahr nur ich!

Lese-Rallye: Teil 3

1. Polizeihund Rübe
2. neue Fahrräder
3. weil sie Zwillinge sind

Handschellen

Lösungen

Pix irrt durchs Weltall

Lese-Rallye: Teil 1

1. ein Planet
2. Plopp
3. „Wo sind nur die Bremsen?“

„Spitzt mal die Antennen!“

Lese-Rallye: Teil 2

1. „Ach-tung-Me-te-o-ro-id!“
2. rasendes Tempo
3. wird immer schneller

„Jetzt ist alles aus!“

Lese-Rallye: Teil 3

1. auf dem Monitor
2. „Ich wäre vor Angst gestorben.“
3. Feigling

die Angst